12746

UTILE ET FRANCHE

EXPLICATION

AVEC LES

COMMUNISTES LYONNAIS

SUR DES QUESTIONS PRATIQUES.

Par **M. CABET,**

Ex-Député, ex-Procureur-général, avocat à Paris.

Prix : 25 cent.

PARIS.

Au bureau du *Populaire*, rue J.-J. Rousseau, 14, vis-à-vis la Poste.
Et chez tous les libraires.

—

Octobre 1842.

UTILE ET FRANCHE

EXPLICATION

AVEC LES COMMUNISTES LYONNAIS

Sur des Questions pratiques.

CITOYENS ET CHERS FRÈRES,

C'est pour la dernière fois que je vais, en répondant à la lettre que viennent de m'adresser cinq d'entre vous, répondre à des *personnalités*; car personne ne les déteste plus que moi, parce qu'à personne elles ne font perdre un temps plus précieux, en m'arrêtant dans la carrière que j'entreprends de parcourir avec l'intention de me dévouer à la cause du Peuple et de l'Humanité.

Je n'aurais pas même répondu cette fois, si la gravité du sujet, les circonstances extraordinaires du débat, les nombreuses et utiles leçons pratiques qui doivent en sortir, l'importance de l'opinion publique parmi les travailleurs de votre Cité, les sympathies dont m'honorent un grand nombre d'entre eux et les sentiments affectueux qu'elles m'inspirent, ne me faisaient pas considérer comme un devoir impérieux de vous communiquer toute ma pensée.

Inutile, je pense, (cela devrait être, du moins) de vous dire que je vais m'expliquer avec franchise et fermeté, mais sans aucun sentiment indigne de vous et de moi.

Deux mots d'abord sur notre position respective.

Se mirent en correspondance avec moi d'abord le citoyen *Perret*, le citoyen *Murat*, puis le citoyen *Gluntz*, puis le citoyen *Calendras*, au nom d'une *Commission de correspondance* choisie par vous. — Le Correspondant avait ma confiance et me promettait d'agir comme mon *mandataire*, de soigner mes intérêts, de faire des abonnements au *Populaire*, de placer mes divers écrits, d'en recueillir le prix et de me le faire parvenir, déduction faite d'une remise pour l'indemniser.

Je devais croire et je croyais que cette Commission de correspondance partageait mes principes, adoptait mon *Voyage en Icarie* et était exclusivement dévouée à mes intérêts. Je ne pouvais supposer et je ne supposais pas que, au milieu des divisions qui paralysent et compromettent notre cause, aucun de ses membres pût être le partisan, le correspondant et le défenseur d'un Adversaire, soit journal, soit écrivain.

Quand le *Pamphlet*, destiné à *me tuer* dans l'opinion, fut publié, je sus qu'on cherchait à lui donner la plus grande publicité, soit à Paris, soit ailleurs, et qu'on en avait envoyé beaucoup d'exemplaires à Lyon ; mais je ne pouvais imaginer qu'aucun membre de la Commission se chargerait de recevoir et de répandre ce Pamphlet, et le communiquerait en effet à un grand nombre de personnes.

Jugeant indispensable de répondre au Pamphlet, qui m'attaquait jusque dans mes rapports avec les Actionnaires du *Populaire*, je convoquai l'Assemblée générale de ces Actionnaires, qui doivent me connaître mieux que toute autre partie du public, dont beaucoup connaissaient le Pamphlet, qui tous pouvaient le connaître, mais qui connaissaient bien le caractère, loyal ou déloyal, de mes relations avec eux; et je leur proposai de manifester leur confiance en moi en se chargeant de faire imprimer et distribuer ma Réponse sans la connaître, ou de manifester leur défiance en rejetant ma proposition. Ils restaient parfaitement libres. L'Assemblée , qui me connaissait et qui trouvait même inutile pour elle que je répondisse , adopta ma proposition à l'unanimité (146 Actionnaires étaient présents). Une Commission de 10, choisie séance tenante, rédigea une Adresse. Puis, quand la Réponse était imprimée et connue , une autre Commission de 45 adopta publiquement cette Adresse. C'était là une manifestation imposante de la part d'une Assemblée nombreuse et qui, se trouvant à Paris et connaissant bien les personnages, était mieux éclairée et mieux placée pour porter une espèce de jugement.

Cinquante exemplaires de cette Réponse, avec la Délibération de l'Assemblée générale et l'Adresse de la Commission, furent envoyés à mon Correspondant à Lyon , où , m'écrivait-on , elle était attendue avec *impatience*.

Je fus bien surpris quand je vis passer *un mois* sans que mon Correspondant me parlât ni de la réception ni du placement de ma Réponse.

Je fus bien plus surpris encore quand, le 13 septembre, mon Correspondant m'annonça , non qu'il tenait ma Réponse à ma disposition, mais qu'il me *la renvoyait* (trente-sept exemplaires) avec le *premier Dialogue populaire*, brochure à 5 cent., pour indiquer la manière de faire la propagande.

Quelques jours après, je reçus le ballot annoncé avec une *longue lettre* pour moi et *la copie* d'une autre lettre écrite en même temps à l'auteur du Pamphlet, à qui l'on m'annonçait qu'on envoyait également *copie* de la lettre qui m'était adressée.

Cette lettre et cette copie sont signées *Ginaud, Vincent, Greppo, Perret, Calendras* , quoique les quatre premiers me paraissent étrangers à la Commission de correspondance; car j'ai reçu précédemment, le 13 juillet, une lettre collective signée par *Calendras, Gluntz, Fonteret,* *Clair, Rousset, Millet, Chaboud, Chapuis*; et s'il est vrai que ces citoyens ne soient pas membres de la Commission de correspondance; s'il est vrai que les véritables membres de cette Commission se soient abstenus; s'il est vrai que les citoyens *Ginaud* et *Vincent* soient d'anciens rédacteurs du *Travail*, liés avec la *Fraternité* en concurrence avec le *Populaire*; s'il est vrai que le citoyen *Perret* ait reçu et répandu le *Code de la Communauté* et le *Pamphlet*; je ne conçois pas comment ils ont pu prendre sur eux de me renvoyer mes ouvrages et de m'écrire comme étant la Commission, en envoyant copie de ma lettre à l'auteur du Pamphlet.

Quoi qu'il en soit, ces cinq Signataires des deux lettres les ont rendues véritablement *publiques*, soit en les lisant dans des réunions nombreuses à Lyon, soit en en envoyant des *copies* qu'on a pu communiquer, et que, je le sais, on a effectivement communiquées.

Ces lettres étant publiques, il n'y a point d'inconvénient à ce que je réponde nettement sur l'une et sur l'autre.

C'est à l'*Assemblée* des Communistes que je m'adresse, car je provoquerai leur réunion pour m'expliquer avec eux.

Je commence par analyser la lettre écrite à l'auteur du Pamphlet.

Analyse de la lettre à l'auteur du Pamphlet.

« Quelque *tort*, disent les cinq Signataires, qu'ait *pu* avoir envers vous le citoyen C...., en *critiquant* PEUT-ÊTRE *trop amèrement* quelques-unes de vos IDÉES, cela NE SAURAIT JUSTIFIER l'*écrit* que vous avez dirigé contre lui. »

Ainsi, d'une part, M. C... n'aurait eu de tort, s'il en avait eu, qu'envers l'auteur du Pamphlet personnellement; et quel tort? celui d'avoir *critiqué* PEUT-ÊTRE (ce qui n'est pas certain) *trop amèrement*, non la *personne*, mais les IDÉES ! Voilà le tort! Et si les idées étaient très mauvaises, très nuisibles, très dangereuses, comme celles d'attaquer la *Famille* et le *dévouement*, ainsi que les Signataires le reprocheront eux-mêmes plus bas très amèrement au *Code de la Communauté*, au lieu d'avoir un tort, M. C.... n'aurait-il pas accompli un devoir, surtout quand il critiquait l'*idée* sans même nommer l'*auteur*, sans même indiquer l'*ouvrage*?

D'autre part, les cinq Signataires déclarent le Pamphlet *injustifiable*. Comment leur sera-t-il donc possible de condamner la Réponse et la défense?

« Quand la *moralité* d'un homme est IRRÉPROCHABLE, et qu'il n'y a de fâcheux en lui que la nature de son *caractère*, ou que nous n'avons à nous plaindre que de *torts personnels*, on NE DOIT PAS agir comme vous l'avez fait, surtout quand cet homme a rendu de NOTABLES SERVICES et qu'il est, comme M. C......, PLACÉ de telle manière que le *Parti* auquel il appartient doit nécessairement *souffrir* des attaques qui lui sont faites. »

Mais ces considérations ne sont-elles pas d'une extrême gravité ? Cette conduite de l'auteur du Pamphlet est donc bien nuisible, bien injuste, bien injustifiable aux yeux des Signataires ! Et, quand M. C.... est reconnu tel, quand l'agresseur est reconnu injustifiable, comment les cinq Signataires pourront-ils se justifier eux-mêmes de leur conduite envers M. C.... ?

« D'ailleurs, vous avez *exagéré de beaucoup* certains griefs; et, sur d'autres points, vous avez fait des reproches *peu fondés*. »

Donc c'est encore un tort nouveau de la part de l'auteur du Pamphlet ; donc M. C.... avait raison de repousser ses exagérations et ses reproches peu fondés !

« Nous sommes *persuadés* que vous REGRETTEZ maintenant la publication de cette brochure, que vous avez écrite sous de *fâcheuses inspirations*. »

C'est être bien confiant que de *se persuader* qu'un écrivain qui a fait un Pamphlet si long, si grave, pour tuer moralement le même homme qu'il a précédemment signalé à la *reconnaissance* du Peuple et qu'il reconnaît être *le plus en évidence*, l'a fait sans réflexion, sans résolution bien arrêtée, et qu'il REGRETTE de l'avoir fait, uniquement parce que les Signataires lui disent qu'il doit le regretter, tandis qu'il déclare lui-même qu'il a voulu faire du *scandale* et braver l'*indignation* d'une grande partie des Communistes ! Il *regrette* si peu qu'il continue aujourd'hui ses attaques dans son *Code* ! Mais enfin les Signataires reconnaissent qu'il devrait *regretter !*

« Non, vous ne devez plus dire à cette heure : « S'il doit y avoir du scandale, que le scandale ait lieu et que la vérité soit dite; » car *quelle vérité* nous avez-vous *enseignée* dont nous devions vous savoir gré? A part vos *griefs personnels*, qui IMPORTENT PEU à la cause, et sur lesquels d'ailleurs *les intimes* seuls peuvent se *prononcer*, que nous avez-vous *dit* que *nous ne connaissions* déjà? quelle juste *appréciation* avez-vous faite que nous n'eussions faite nous-mêmes? »

Ainsi, les cinq Signataires prétendent que l'auteur du Pamphlet ne leur a rien enseigné, rien appris, et qu'ils savent aussi bien que lui *apprécier* les doctrines et les faits ; mais nous verrons tout-à-l'heure qu'ils ont la prétention de m'enseigner à moi, de m'instruire, de m'apprendre à apprécier !

« En définitive, le citoyen C.... n'est *pas moins digne d'estime* après votre brochure que *vous* ne l'êtes vous-même après la sienne. »

Mais si M. C.... n'est *pas moins digne d'estime* après le Pamphlet, ce Pamphlet, qui lui fait les reproches les plus graves et qui est injustifiable aux yeux des Signataires, est donc rempli de faussetés et de calomnies ? Or l'auteur de ce Pamphlet a dit lui-même (page   ) qu'il était un *infâme* s'il accusait faussement : comment est-il donc possible qu'il soit encore, après *son Pamphlet*, digne de l'estime des Signataires?

« Mais ce qui a causé *au plus haut point* notre *surprise* et notre *affliction*, ce sont les *deux* OUTRAGES que vous avez faits, l'un à une *mémoire chère au Peuple* (le martyr de Thermidor), l'autre à une *admirable vertu*... (le dévouement). Quelle *condamnable* erreur... Une doctrine aussi IMPIE peut séduire quelques philosophes *sans entrailles*, quelques hommes au cœur *aride et froid* ; mais.... (les Signataires développent ici, dans une page, toute leur éloquence et leur érudition en faveur de Robespierre et du dévouement, pour prouver combien les attaques dirigées contre eux sont *impies et condamnables*). »

Voilà comme les Signataires traitent l'auteur du Pamphlet : et ils lui conservent toute leur estime ! Et ils me feront un crime à moi d'avoir repoussé ses attaques contre moi et ses outrages soit contre le dévouement, soit contre l'homme qui a péri pour le Peuple !

« Nous *aimons à penser* que vous REVIENDREZ de si *déplorables erreurs* et que vous LACÉREREZ ces pages *malheureuses* où vous faites *outrage à la vertu*. »

Les Signataires *aiment à penser* qu'il LACÉRERA !.. Mais n'est-ce pas le comble de la bonhomie et de la crédulité ? Est-ce parler sérieusement et en hommes ? Ils le prennent donc pour un étourdi, pour un enfant, pour une girouette ? Non, il ne lacérera pas ! Et personne au monde ne peut croire qu'il lacérera ! Et s'il ne lacère pas, que feront les Signataires qui déclarent qu'il doit lacérer ? Et ils m'accusent, moi, pour m'être défendu contre des pages qui doivent être lacérées !

« En attendant , nous avons dû ne pas propager votre *Code de la Communauté*, qui contient en outre, dans la description que vous faites de la distribution du LOGEMENT, une LACUNE qui a porté *beaucoup* d'entre nous à croire que vous vouliez la DESTRUCTION *du lien familial*. »

Mais c'est précisément cette LACUNE qui m'a fait juger que le *Code* voulait l'*abolition de la Famille* ; et c'est parce qu'il veut cette *abolition* que je l'ai critiqué, indirectement, sans le nommer ! Les Signataires doivent donc trouver que j'ai eu raison de le critiquer ! Et cependant c'est à cause de cette critique que l'auteur du *Code* m'a accusé de *falsification*! Et les Signataires le traitent avec bien plus de rigueur que je n'ai pu le faire, puisqu'ils lui renvoient son *Code*! Comment peuvent-ils donc m'attaquer si vivement moi-même ? N'est-ce pas la plus flagrante des contradictions et des inconséquences, comme quand ils terminent ainsi leur lettre : « Agréez , citoyen, l'assurance de notre fraternelle *estime*! »

Nous allons voir maintenant comme ils me traitent.

Lettre écrite à M. C.... par les cinq Signataires.

D'abord, je ne puis m'empêcher de remarquer que ces cinq Signataires se posent comme des Savants, des Docteurs, des Génies infaillibles, et qu'ils me parlent et me traitent comme s'ils étaient mes maîtres, mes directeurs, mes guides, mes commandants, mes pères, mes tuteurs et mes juges, comme si j'étais leur écolier, leur apprenti, leur soldat, leur enfant, leur pupille et leur justiciable!

Et qui sont-ils? Les citoyens *Ginaud*, ouvrier en soie, ex-rédacteur du *Travail*, — *Perret*, ouvrier en soie, — *Vincent*, teneur de livres, ex-rédacteur du *Travail*, — *Greppo*, ouvrier, — *Calendras*, ouvrier.

Je leur accorde à tous de la moralité, de l'honnêteté, de l'instruction, du zèle ; mais sont-ils les seuls qui en aient? Ont-ils le privilége de la perfection et de l'infaillibilité ?

On dit le citoyen *Ginaud* moral, érudit, éclairé. *Moral!* Est-ce qu'il l'est plus que moi ? *Erudit!* Est-ce qu'il a lu et étudié autant que moi, lui qui a été forcé d'employer la plus grande partie de sa vie à travailler la soie, tandis que j'ai passé toute la mienne à étudier ? Est-ce qu'il est plus érudit que moi, qui ai publié un grand nombre d'écrits histori- ques et philosophiques ? *Eclairé!* Est-ce qu'il l'est plus que moi qui ai passé ma vie au milieu des ouvriers et des étudiants, dans les affaires judiciaires et politiques, dans les fonctions administratives et législati- ves, parmi les hommes d'élite dans toutes les classes et dans le grand mouvement de la Capitale et de la Presse ? —Point de mérite à moi pour cela, point de vanité à en tirer ; car j'avoue ma complète ignorance sur des milliers de choses que les ouvriers savent parfaitement eux-mêmes parce qu'ils les ont apprises, tandis que je les ignore parce que je n'ai pu les apprendre ; mais c'est un FAIT que je signale, parce qu'il est né- cessaire pour bien constater nos positions respectives, et parce que je veux m'expliquer sans réticence avec vous.

M. Ginaud, quoique ex-rédacteur du *Travail*, n'a donc, naturelle- ment et probablement, aucun avantage sur moi : et si l'on veut m'attri- buer de la vanité d'auteur, de l'opiniâtreté d'écrivain, de l'ambition, de la jalousie, de l'esprit de domination et d'exclusion, une foule d'autres défauts, pourquoi ne pourrait-on pas en supposer quelques-uns chez le citoyen *Ginaud?* Aurait-il le bonheur d'être pur de toute témérité, de toute présomption, de toute confiance excessive dans sa capacité, de toute obstination dans ses propres idées, de tout orgueil inspiré par le sentiment de sa moralité?

Et j'en dirai autant des citoyens *Perret*, *Vincent*, *Greppo*, *Ca- lendras*.

Entre eux et moi, j'admets cependant que les présomptions sont éga- les et que les faits seuls doivent décider : voyons les faits, leurs criti- ques, leurs accusations, leurs reproches! C'est une épreuve assez curieuse, qui ne sera pas sans instruction et sans profit, et que son utilité seule peut me déterminer à renouveler aujourd'hui.

Remarquons d'abord que, dans la lettre qu'ils m'adressent, les cinq Signataires reconnaissent que la *moralité* de M. C.... est à *l'abri de reproches* ; qu'il a rendu de *grands services* ; qu'on lui doit des *égards* ;

et qu'il est utile pour propager la Communauté et défendre la cause du Peuple.

Remarquons, en second lieu, que les cinq Signataires reconnaissent formellement que le Pamphlet est une MAUVAISE ACTION, expression infiniment grave, qui semble devoir justifier complètement M. C.... dans sa Réponse pour neutraliser cette mauvaise action.

Remarquons enfin que tous les reproches adressés par les cinq Signataires consistent seulement en ce qu'ils trouvent : 1o une prétendue vivacité ou amertume dans la Réponse au Pamphlet ; 2o des personnalités prétendues inutiles ; 3o quelques prétendues contradictions envers l'auteur du Pamphlet ; 4o une prétendue erreur de doctrine dans l'organisation de la Famille en Icarie ; 5o une prétendue erreur d'opinion sur la Bourgeoisie. Voilà les griefs que les cinq Signataires ont jugés assez graves pour faire rudement la *leçon* à M. C.... et pour le *punir* en lui renvoyant sa Réponse au Pamphlet !

Voyons maintenant la lettre elle-même écrite à M. C.....

CITOYEN,

« Quand un homme a embrassé un noble *apostolat*, un apostolat de *fraternité*, les attaques même *injustes* dont il peut être l'objet NE DOIVENT PAS le faire départir un seul instant du *calme* et de la *dignité* que lui impose sa mission. »

Cela est vrai en théorie. Et qui l'ignore ? Les Signataires croient-ils que je ne le sais pas aussi bien qu'eux, moi qui ai étudié et médité cette question et cette doctrine sous tous les rapports avant de l'exposer dans le *Voyage en Icarie*, dans mes *douze Lettres sur la Communauté*, dans tous mes écrits et dans le *Populaire ?* Comment ! les Signataires me reconnaissent apôtre, professeur en quelque sorte et propagateur de fraternité, et ils prétendent me donner une leçon de fraternité ! Mais est-ce qu'il ne faut pas bien entendre la Fraternité comme toute autre vertu ? Est-ce qu'il n'y a aucune distinction, aucune exception dans la pratique et l'application ? Est-ce que la Fraternité doit protéger et encourager les vices et les crimes, favoriser le voleur au préjudice du volé, l'assassin au préjudice de la victime, le calomniateur au préjudice de celui que veut tuer la Calomnie ? Est-ce que la Fraternité a empêché *Jésus-Christ* de chasser à coups de fouet les vendeurs qui profanaient le temple, et de condamner à l'enfer les Pharisiens et les Scribes qu'il appelait *race de vipères* parce qu'ils exploitaient le Peuple ? Est-ce que la Fraternité empêche les cinq Signataires d'anathématiser les Bourgeois comme on le verra tout-à-l'heure, de blesser l'auteur du Pamphlet en l'accusant de *mauvaise action* et *d'outrages impies contre la vertu*, et de s'exposer à me blesser moi-même en me *renvoyant* presque publiquement mes écrits ?

« Nous n'avons donc vu qu'avec *douleur* L'OUBLI *de cette vérité* dans votre écrit intitulé : *Toute la vérité au Peuple*. »

Mais qui décide qu'il y a OUBLI de cette vérité ? Les cinq Signataires !

Voilà les oracles, les juges ! Je soutiens le contraire moi, et bien d'autres le soutiennent avec moi ; et si j'avais à prouver, dans une grande Assemblée du Peuple, que mes reproches à l'auteur du Pamphlet ne pouvaient être trop sévères dans l'intérêt du Peuple, j'invoquerais l'opinion des Signataires eux-mêmes, qui lui reprochent une *mauvaise action*, une action éminemment nuisible à la cause populaire, une sorte d'*impiété* qui lui impose le devoir de *lacérer* ses pages !

« En effet, le sentiment que vous a fait éprouver une CRITIQUE, que *nous condamnons hautement,* vous a dicté des *paroles si amères* qu'il semble que vous ayez écrit sous l'inspiration de la *colère* et de la *haine*. »

Comment, une CRITIQUE ! Le Pamphlet ne contient qu'une CRITIQUE, quand il renferme les attaques personnelles les plus graves, dans le but de *déshonorer* et de *tuer moralement !* Mais les cinq Signataires reprochent eux-mêmes au Pamphlet une *mauvaise action*, des *outrages à la vertu*, une espèce d'*impiété !* Quoi ! quand, dans le *Code*, dans un ouvrage de doctrine destiné à instruire les ouvriers, on commence l'agression et les personnalités en dénonçant M. C.... comme coupable d'*insignes faussetés*, de *falsification*, d'*altération* , d'*intercalation* , ce ne serait là que de la CRITIQUE !

Et remarquez combien cette accusation de *falsification* et d'*altération*, etc., est grave contre un écrivain populaire qui a pris pour devise *(vitam impendere vero)* CONSACRER SA VIE A LA VÉRITÉ , qui appuie presque toujours ses raisonnements et ses preuves sur des *citations,* et dont toute l'influence (qu'on dit utile au Peuple) dépend de sa réputation de *loyauté* et de *sincérité !* Si je suis un faussaire , altérant les textes, que deviennent tous mes ouvrages, ma *Révolution de* 1830, ma *Révolution de* 1789, mes jugements contre les Feuillants et les Girondins, contre les Thermidoriens et le Directoire, contre le 18 Brumaire et l'Empire, contre l'Aristocratie et le Juste-milieu? Que deviennent mon *Populaire* de 1834 et celui de 1841, mon *Voyage en Icarie* et tous mes écrits, tous honorés de tant de publicité et de tant de sympathies de la part du Peuple ? Et quand on reconnaît que j'ai rendu de *grands services* et que je puis en rendre encore, quand on proclame que le Pamphlet est une *mauvaise action* parce qu'il m'attaque, comment est-il possible de dire que ce n'était pas le cas de repousser énergiquement des agressions si nuisibles? — Le malheur est que, dans l'état de la Presse , beaucoup m'attaquent par intérêt , tandis que personne ne prend ma défense, en sorte que je suis obligé de me défendre moi-même , ce qui constitue pour moi la situation la plus délicate et la plus difficile : mais le même dévouement qui me fait braver des haines et des dangers dans l'intérêt de notre cause m'inspire assez de courage pour me faire braver le ridicule qui s'attache quelquefois aux apparences. Je me défends donc moi-même ; et je me défends comme j'en défendrais un autre, sans rien taire de ce qui constitue la défense, avec l'ardeur qu'inspire l'intérêt de la justice et de la vérité, avec la chaleur que fait naître une agression injuste. Alors, mes paroles peuvent être amères comme celles qui qualifiaient les Pharisiens et les Scribes de *race de vipère*. Mais de la *colère !* je n'en éprouve pas plus contre l'injustice et la calomnie que contre le serpent qui m'aurait piqué, ou contre la pierre qui me serait tombée sur la tête. Et de la *haine !* je l'ai dit souvent et je le répète, surtout depuis que la philosophie de la Communauté m'échauffe et m'anime, je n'en veux ressentir, je n'en ressens et je n'en ressentirai contre personne, contre aucun de ceux qui m'ont fait ou qui veulent me faire du mal, grand ou petit, puissant ou faible, écrivain ou ouvrier, parce que l'un des principes les plus sacrés, les plus vrais et les plus précieux, de notre *Système Icarien,* c'est que nous ne devons jamais haïr les hommes et réserver notre haine pour les choses , pour les mauvaises institutions, pour les mauvaises actions.

« Nous *en appelons* à votre *sincérité*, citoyen : maintenant que vous êtes REFROIDI, *pouvez-vous nier* que le ressentiment ne vous ait *emporté au-delà* des limites de la *raison* et de la *vérité?* »

Quoi ! les Signataires me reconnaissent *sincère*, et ils m'accusent d'avoir blessé la *vérité* dans ma Réponse ! — Ils en *appellent* à ma sincérité ! Eh bien ! ma sincérité proteste contre leur accusation.— Maintenant que vous êtes *refroidi*, me disent-ils ! Ainsi, pendant près d'un mois de travail que m'a coûté ma Réponse , j'aurais donc été hors de moi, fou ! Il faudrait alors que la *mauvaise action* à laquelle je répondais fût bien mauvaise pour m'exalter ainsi ! Et les Signataires croient que leur ton est convenable, fraternel ! — *Pouvez-vous nier*, ajoutent-ils ! Mais oui, je nie ! Je nie que l'on puisse trouver dans ma Réponse la preuve que j'aie été emporté au-delà des limites de la *Raison* et de la *Vérité !* Mais les Signataires vont citer des preuves, *articuler des faits:* voyons !

« Il nous *paraît* CONTRADICTOIRE de proclamer le citoyen D..... un homme *sans talent*, et de dire plus loin que, si vous eussiez eu plus d'argent, vous l'auriez occupé comme RÉDACTEUR EN TITRE, et qu'ainsi vous n'auriez jamais eu à essuyer d'attaques de sa part. Est-ce que dans la position de supériorité que vous deviez vous efforcer de donner au *Populaire*, vous pouviez *vous associer un homme sans talent?*

Erreur ! ceux qui veulent me faire la leçon paraissent n'avoir *pas lu* ce qu'ils condamnent, ou l'ont bien *mal lu !* Je n'ai dit nulle part que je l'aurais occupé comme *rédacteur en titre* ; j'ai toujours dit et répété que je l'aurais employé *sous ma direction* et dans un *rôle secondaire* (p. 45), pour me faire des *recherches* et des *dépouillements* (p. 49 et 44); que je lui aurais confié quelques articles à préparer, en me réservant de les corriger librement, d'y ajouter, d'en retrancher (p. 29 et 47) ; que j'en ai *rejeté* beaucoup (p. 47) ; et que pour rien au monde je n'aurais voulu les admettre dans mon *journal* sans les avoir corrigés (p. 47). Du reste, voici la phrase accusée :

« Si j'avais été riche assez pour rétribuer convenablement son travail (de recherche, de dépouillement, de préparation), ce malheureux, qui veut m'assassiner, aurait toujours été pour moi respectueux et dévoué ; *sous ma direction* et dans un ROLE SECONDAIRE, il aurait pu rendre d'importants services et se distinguer même, au lieu d'être *si déplacé*, si inutile et si nuisible dans le *rôle qu'il ambitionne.* »

Eh bien ! où est, de ma part, la *contradiction ?* Non, c'est de toute évidence, il n'y a aucune *contradiction* ; et les Signataires (qui se montrent eux-mêmes si contradictoires et si inconséquents en condamnant ce qu'ils estiment et en estimant ce qu'ils condamnent) commettent ici la plus grossière erreur en voulant me faire la leçon !

Et puis, d'ailleurs, si j'avais commis une *contradiction*, voyez le grand *crime*, qui rend absolument nécessaire qu'on me fustige et qu'on me renvoie mes ouvrages ! — Mais voici un autre crime qu'on me reproche :

« Vous dites que lorsqu'il était auprès de vous il sympathisait déjà secrètement avec les idées de Char...., que vous qualifiez *ex-bonnetier.* Dans *quel but* citez-vous cette profession qu'aurait exercée Cha....? Nous vous croyons *trop sensé* et *trop conséquent* pour *arguer de cette profession* contre les *idées* proclamées par l'*Humanitaire*, et qui auraient, en quelques points, les sympathies de D..... »

Tout-à-l'heure, les Signataires me déclaraient fou, inconséquent ; maintenant ils me reconnaissent *sensé, conséquent.*

Cette assurance dans le blâme est vraiment incroyable ! car les Signataires blâment sans avoir lu ou après avoir mal lu, et en défigurant ce qu'ils ont lu. Voici ma phrase, dans ma Réponse au Pamphlet (p. 33). Cherchant à prouver que tout le monde voulait diriger et fonder l'Unité à son profit, je citais l'*Egalitaire*, la *Loi sociale*, le *Communautaire*, l'*Humanitaire*, et je disais :

« L'ex-TONNELIER (erreur d'impression, car le manuscrit porte *ex-*BONNETIER) *Char.....* n'a-t-il pas fondé l'*Humanitaire* pour RALLIER et DIRIGER *tous les Communistes ?* »

Ainsi, je n'ai parlé que de la prétention de l'ex-bonnetier à *rallier* et à *diriger* le Parti communiste ; et les Signataires insinuent que j'ai *argué* de sa profession contre les IDÉES proclamées par l'*Humanitaire* dont il était fondateur et gérant ! — Ces mêmes Signataires me demandent *dans quel but* je cite ici cette profession de BONNETIER qu'avait exercée *Char....!* On va donc épiloguer ainsi sur chacun des mots que j'emploie ? Mais où en serais-je si chaque ouvrier épluchait ainsi mes nombreux écrits? Cependant, je suis toujours trop franc pour nier que l'expression ex-BONNETIER avait un but; et ce but c'était d'indiquer qu'il était bien présomptueux et bien téméraire à un ouvrier qui avait passé sa vie dans la bonneterie à Lyon, qui était complètement inconnu et sans influence à Paris (et dont on a vu la prudence, la fermeté et la dignité dans son procès) de vouloir RALLIER et DIRIGER tous les Communistes de France... Et dans mon but, j'avais mille fois raison ! Et si j'avais réellement argué de la profession de bonnetier contre les IDÉES proclamées par l'*Humanitaire* ; si j'avais dit qu'il était bien présomptueux et bien téméraire à un ex-bonnetier de prendre sur sa tête l'immense responsabilité de compromettre tout le Communisme et tous les Communistes en attaquant la Famille, le Mariage, la Patrie, les Capitales, les Arts, etc., n'aurais-je pas encore eu mille fois raison?

« Enfin , vous le représentez comme un *écrivain famélique* (et vous avez eu le *malheur* de vous servir d'épithètes *plus outrageantes* encore); et cependant vous dites quelque part que D..... a SOUVENT refusé de l'argent que vous lui offriez ; que jugeant de ses besoins, mais connaissant aussi SA DÉLICATESSE, vous avez usé *plusieurs fois de tactique* pour lui faire partager votre dîner. Cela n'est-il pas encore manifestement *contradictoire?* »

Encore un crime de *contradiction* dont il est nécessaire de me châtier! Mais les Signataires ont encore *mal lu;* car je n'ai pas dit qu'il avait *souvent* refusé de l'argent, et je n'ai jamais parlé de *sa délicatesse!* J'ai dit (page 47) :

« Oui, je lui ai donné plusieurs fois de l'argent, et je lui en ai OFFERT *deux fois* (il l'avoue), pour l'*obliger*, par générosité , par humanité , parce qu'il était et paraissait misérable, parce que souvent on m'a dit qu'il passait plus d'un jour sans manger ; et souvent encore je l'ai invité à dîner et à déjeuner par le même motif; et dans la crainte de l'humilier, j'AVAIS *la délicatesse* de déguiser la cause de mon invitation et de l'appeler ou de le retenir sous prétexte que j'avais besoin de lui. »

Où donc est la contradiction? Où les Signataires ont-ils vu que je parlais de *sa délicatesse* à lui lorsque je parlais de *ma délicatesse* à moi? (Et quelle pénible situation que celle où l'on se trouve obligé de parler de ces choses ! Mais je suis sur une brèche!) Et voilà le troisième crime articulé contre moi par les Signataires !

« Oui, nous le répétons, la brochure de D..... contre vous est une MAUVAISE ACTION. Quand ce qui constitue essentiellement la MORALITÉ est *à l'abri de reproches*, et que les attaques ne sont guère dirigées que contre les *défauts du caractère* ou les *torts de l'esprit*, on NE DOIT user réciproquement que de *conseils* ou *d'avis fraternels*. On *provoque des réunions* de personnes qui, par leur *intelligence*, leurs *lumières*, leur *dévouement*, peuvent être considérées à *bon droit* comme les *représentants de la Démocratie*; et là on *expose* ses motifs, et l'on tient pour *juste et respectable* ce que l'*Assemblée a décidé*. Mais point de ces luttes d'écrits, de cette polémique irritante qui nous *affaiblit* et nous *déconsidère !* »

Toute cette mercuriale semble ne s'adresser qu'à l'auteur du Pamphlet. Mais cette leçon, quelque doctorale qu'elle soit, n'est-elle pas une puérilité? Pratiquez donc cette belle théorie! qui choisira les hommes d'*intelligence*, de *lumières*, de *dévouement*, qui méritent d'être les Représentants de la Démocratie? Comment les plaideurs ou les belligérants se mettront-ils d'accord sur ce choix, quand ils ne peuvent pas se mettre d'accord sur le reste, et quand on voit les Signataires me sermonner, me blâmer et me punir? Je ne serais certainement pas choisi, moi, pour faire partie de cet Aréopage ! Ce seraient les Signataires ou leurs pareils qui le composeraient ! Et ceux qui ne seront pas choisis ne seront-ils pas jaloux ? Et les élus se *réuniront-ils* toutes les fois qu'on les appellera, pour passer leur temps à entendre des explications et des disputes ? Et la décision de l'Assemblée sera-t-elle respectée, quand on voit les cinq Signataires mépriser et annuler la décision de l'*Assemblée générale des Actionnaires* (146 présents) en me renvoyant la Réponse publiée par eux ?

« Nous avons parlé de CONSEILS *fraternels*. Eh bien ! qu'il nous soit permis, citoyen, avec les ÉGARDS *que nous devons* à un homme qui , comme vous, a rendu de GRANDS SERVICES à la *cause humanitaire,* de vous dire notre pensée. »

Des *égards* pour de *grands services !* Ce sont les Signataires qui le disent. Voilà bien la théorie ; mais la pratique ! Passe encore pour me donner des *conseils* comme pourraient le faire des supérieurs en lumières ; mais est-ce avoir des *égards* que de me *renvoyer* presque publiquement ma Réponse, et de m'écrire une lettre de réprimande en en envoyant copie à l'auteur du Pamphlet, qui pouvait la faire connaître ?

« Nous croyons qu'il est *certaines questions secondaires* d'organisation sociale et de philosophie religieuse dont il faut laisser la solution à l'avenir, attendu que ce n'est que dans un autre milieu et avec l'expérience que nous n'avons pas, que ces questions pourront être certainement appréciées. Nous pensons, COMME VOUS, que ce qui importe le plus, c'est de s'occuper d'*idées pratiques* et qui peuvent recevoir une *application immédiate,* telles que l'instruction, l'éducation, la production des richesses sociales et leur répartition , et une foule d'autres questions sur lesquelles des hommes intelligents et sincères doivent être infailliblement *d'accord*. Voilà les *seules questions* que nous voudrions voir à l'ordre du jour. »

C'est précisément ce que je soutiens dans ma *Ligne droite*, dans ma *Propagande communiste* et dans tous mes écrits, et c'est une des principales causes de l'agression de l'auteur du Pamphlet, qui, là comme dans son *Code*, m'attaque et m'accuse de vouloir étouffer la discussion, parce que je désapprouve les discutailleries perpétuelles sur les questions inutiles et dangereuses. Du reste, les Signataires pensent *comme moi* sur ce sujet : c'est donc à d'autres qu'ils adressent indirectement des reproches; il reconnaissent donc que je rendais service à la propagande, tandis que d'autres l'entravaient ; et cependant ils me blâment, me censurent et me renvoient ma Réponse au Pamphlet !

« Mais si cependant des esprits impatients et hardis s'élancent dans les *hautes régions de la pensée* et tombent dans de NOTABLES ERREURS, il ne faut pas les *anathématiser* , mais les *ramener à la vérité* par la puissance du *raisonnement*. Et d'ailleurs, à côté de cette erreur , ils ont *peut-être* dans leur route glané quelques vérités que nous n'eussions pas découvertes dans une sphère inférieure. »

D'abord, je ne vois pas comment les Signataires peuvent s'intéresser pour de *notables* ERREURS. — En second lieu, je n'ai jamais prononcé

d'anathème contre la discussion et la pensée. — En troisième lieu, que
fais-je autre ohose que de chercher à *ramener*, par le raisonnement,
ceux qui s'égarent? Mais est-ce facile de ramener à la vérité ceux qui
veulent s'en écarter? Ai-je eu la puissance de ramener l'auteur du Pam‹
phlet? Suis-je assez puissant pour ramener les Signataires qui, dans
mon opinion, tournent, autant que qui que ce soit, le dos aux conve-
nances et à la raison? — Enfin, que l'on discute tant qu'on voudra toutes les questions dans des écrits soumis à la classe des SAVANTS, je n'y vois
aucun inconvénient, et j'y vois même quelque utilité; je l'ai toujours déclaré, dans ma *Propagande communiste* (page 7) et partout ; mais j'ai
toujours pensé et je pense encore que c'était une faute immense de lan-
cer certaines questions dans la masse des OUVRIERS, parce que c'était
non seulement leur faire perdre leur *argent* et leur *temps*, mais encore
jeter la *confusion* dans leurs têtes et la *division* dans leurs rangs. Voilà
mon opinion ! Et n'était-ce pas un devoir pour moi de la manifester ?

« *Laissez donc passer* sans *amère critique* toutes les doctrines éga-
litaires, quel qu'en soit l'auteur, *savant* ou *travailleur*, *jeune* ou *vieux*.
Faut-il nécessairement être *savant* pour découvrir une *vérité* et la
publier? »

Si je réponds *oui*, on va crier que j'insulte *tous les travailleurs, tous
les jeunes gens, tous les non-savants*; mais je ne sais ni mentir, ni flatter,
ni reculer devant le danger de dire au Peuple ce que je crois vrai et
utile. Eh bien! j'ai toujours dit qu'il fallait généralement entendre
toutes les idées et toutes les opinions, parce qu'un travailleur, un jeune
homme, peut avoir du bon sens et du génie même, quoique inculte , et
qu'il peut faire une observation précieuse, connaître un fait important,
avoir une idée heureuse, faire une découverte utile; et quand le travailleur ou le jeune homme est modeste, circonspect, dévoué, il mérite
bien plus d'attention et d'égards qu'un savant; mais je soutiens qu'il
faut avoir étudié la *médecine* pour avoir la prétention d'être écouté dans
une *question de médecine*, etc., etc., etc. ; je soutiens qu'il ne suffit
pas d'avoir de l'intelligence naturelle, mais qu'il est nécessaire que l'intelligence et le jugement soient exercés et développés par l'habitude de
raisonner ; je soutiens que, en règle générale , les travailleurs et les
jeunes gens ont beaucoup moins de facilité que les savants pour découvrir la *vérité* dans les deux sciences *les plus difficiles* peut-être, la
science sociale et la *science politique*; je soutiens que ceux qui disent
le contraire aux ouvriers et aux jeunes gens sont des flatteurs in-
téressés; je soutiens que la plupart de ceux qui, comme les Signataires,
sont épris de l'opinion contraire, sont, à leur insu, les jouets d'un sentiment de présomption et de vanité, assez naturel d'ailleurs quand on se
sent quelque capacité plus qu'ordinaire.

« N'y a-t-il de *raisonnable* et de *suffisamment expérimenté* que
l'homme âgé ? »

Oh ! je n'hésite pas à le dire, rien ne remplace l'*expérience* ; il n'est pas un ouvrier qui ne profite des fautes qu'il fait dans son travail, et qui ne se perfectionne tous les jours en travaillant; et l'*expérience* ne peut être que le fruit de l'âge ; et c'est surtout dans la pratique et dans la direction des affaires sociales et politiques que l'*expérience* est nécessaire.

« Sur ce dernier point, vous êtes bien une preuve du contraire, vous qui, SI JEUNE, avez eu, dites-vous, de brillants *débuts au* BARREAU ? »

Mais tout est encore ici erreur de la part des Signataires : je n'ai jamais dit que j'aie débuté *si jeune* au barreau ; j'ai dit au contraire (racontant ma carrière dans *le National traduit au tribunal de l'opinion publique*, pag. 34) que, après de longues études préparatoires, après avoir été reçu *licencié* ou avocat en 1810, puis *docteur* en 1812, à l'âge de 24 ans, j'avais étudié *trois ans* encore dans le cabinet du plus habile professeur de France, *M. Proudhon,* pour acquérir *toute l'instruction possible avant de débuter au barreau* et de m'adonner exclusivement à la pratique des affaires. Ainsi j'ai dit tout le contraire de ce que me font dire les Signataires, qui montrent encore ici qu'ils me citent et me blâment sans m'avoir lu ou après m'avoir mal lu ! Et d'ailleurs, si j'ai débuté au *barreau* à 25 ans, parce que j'avais long-temps étudié pour le *barreau*, je me suis bien gardé de faire la leçon aux vieux savants dans toutes les autres sciences que je n'avais pas étudiées : mon exemple, puisque les Signataires me mettent ainsi sur la sellette, prouve donc tout le contraire de ce qu'ils prétendaient y trouver ; et ceux qui veulent me faire la leçon ne mériteraient-ils pas bien qu'on leur conseillât d'apprendre l'art de bien lire avant de juger ?

« Ne donnez plus aucun fondement à *ce reproche* que *beaucoup* vous adressent de vouloir être le *seul directeur,* le *seul apôtre* de la doctrine Communautaire, et de dire en quelque sorte : *hors d'*ICARIE *point de salut;* car vous ne croyez pas qu'un homme, si remarquable qu'il soit par l'intelligence, possède à *lui seul* toute la vérité. »

J'ai dit et répété le contraire dans ma *Ligne droite,* dans ma *Réponse* au Pamphlet, dans presque tous mes écrits; je me suis expliqué franchement, nettement : que puis-je faire de plus ? Faut-il renouveler éternellement les mêmes protestations? Ceux qui ne me croient pas ne veulent pas me croire et ne me croiront jamais, parce que je les soupçonne fort de n'être animés que par l'ambition d'être eux-mêmes les Directeurs et les Apôtres. Il faut donc bien que je me résigne à me contenter du grand nombre, qui m'honorent de leur confiance en ma sincérité et en mon désintéressement !

« Vous ne pensez pas non plus que la *doctrines d'Icarie* ne doivent supporter jamais AUCUNE MODIFICATION, notamment en ce qui touche *la Famille,* que vous *constituez* sur un mode en quelque sorte *patriarcal,* et nécessairement ÉGOISTE au point de vue d'une réelle et complète *Fraternité.* »

Ainsi, voilà les Signataires qui insinuent que, dans mon opinion, les *doctrines d'Icarie* ne doivent supporter *jamais aucune modification*, notamment en ce qui touche la Famille! Mais cette insinuation est inconcevable, incroyable, inqualifiable. J'ai dit et j'ai répété sans cesse, dans *Icarie*, dans la préface de la deuxième édition, partout, que mon système Icarien n'était qu'un *exemple*, qu'un *projet*, pour faire sentir la possibilité de la Communauté; j'ai répété, à satiété, que ce serait le Peuple entier qui ferait sa Constitution Communautaire, et que les Générations futures modifieraient la Famille et tout le reste quand et comme elles voudraient. Et d'ailleurs, est-ce que j'avais besoin de le dire? Est-ce qu'il existe un individu quelconque qui puisse faire une Constitution qui lierait la Nation actuelle ou suivante? Les Signataires critiquent donc le *Voyage en Icarie* sans l'avoir lu; et je sais en effet que l'un d'eux ne *l'a pas lu*. Ne l'avoir pas lu, ce n'est déjà guère sage pour un Communiste; mais le condamner sans l'avoir lu, est-ce de la conscience, de la moralité, de la probité?

Les Signataires affirment aussi que j'ai *constitué* la Famille sur un mode *patriarcal* et nécessairement ÉGOISTE. Mais cela n'est point vrai, cela est erronné... La Démocratie est dans la Famille en Icarie comme dans la Nation; l'égoïsme ne peut y exister nulle part; la Fraternité règne essentiellement partout; je l'ai démontré vingt fois: mais que faire et que dire avec ceux qui critiquent et condamnent sans se donner la peine de lire?

« Nous avons encore à cœur de vous dire notre pensée sur une OPINION que vous émettez souvent dans vos écrits, parce que sans doute vous lui trouvez de l'importance. Nous voulons parler de l'opinion que vous avez que la *Bourgeoisie* est indispensable au triomphe de la Démocratie. En cela nous ne sommes *pas tout-à-fait* de votre avis. »

Ainsi, c'est sur mes OPINIONS (relatives à la Bourgeoisie, à la Famille, etc.) que les Signataires vont me chapitrer, parce qu'ils ne sont *pas tout-à-fait* de mon avis! C'est pour me punir de mes opinions qu'ils vont me renvoyer ma Réponse au Pamphlet; puis, pour énoncer leur propre opinion contre la Bourgeoisie, les Signataires m'écrivent une magnifique page d'éloquence, qui pourrait figurer dans un journal, et dont le rédacteur espérerait peut-être beaucoup de gloire, quoique je n'y trouve que des sophismes, de déclamations, des exagérations et de dangereuses erreurs.

« *Ne voyez-vous pas* que leur *égoïsme* les laisse *insensibles* et *froids* à l'aspect de nos maux? Ne les voyez-vous pas, ces maîtres *ingrats et cruels*, nous laisser *mourir de froid et de faim* à la porte de leurs demeures somptueuses, que nous avons *enrichies de nos sueurs?* »

Ne voyez-vous pas? me disent les Signataires. Mais pourquoi donc ne verrais-je pas comme eux? N'ai-je pas, et n'avons-nous pas tous des yeux comme eux? Et ne pourrais-je pas leur dire à mon tour, « Ne voyez-vous pas que ce ne sont pas *tous* les Bourgeois qui sont

« des maîtres *ingrats* et *cruels*, et qu'il en est beaucoup qui, comme
« d'*Argenson*, par exemple, sympathisent avec les Prolétaires ? » Et ne
pourrais-je pas encore prendre la liberté de leur demander, à eux qui
m'accusaient tout-à-l'heure de paroles amères et peu fraternelles, s'ils
ne montrent pas eux-mêmes *beaucoup d'amertume* et *bien peu de
Fraternité* envers la Bourgeoisie ? — Mais les Signataires ajoutent :

« Le Peuple, *sans le secours des Bourgeois*, n'est pas COMME VOUS
LE DITES, un vain *mot*, une *illusion*, une *déception*, le *néant* même. »
Mais je n'ai pas dit cela! Les Signataires dénaturent toujours ma
pensée parce qu'ils ont l'inqualifiable habitude de condamner sans avoir
lu. Voici ce que j'ai dit dans ma Réponse au Pamphlet, page 21 :

« Je soutiens que le Peuple n'est qu'un mot, une illusion, une déception, le néant, *tant qu'il n'y a que des individus isolés, sans direction, sans discipline ;* que jamais les Prolétaires ne feront rien
sans union et sans unité, et même sans le concours de la Bourgeoisie ;
que l'intérêt des Prolétaires n'est pas de repousser la Bourgeoisie en la
traitant avec dédain et mépris, avec haine et menace, mais au contraire
de faire alliance avec elle, de la ménager, de la gagner. »

Ainsi j'ai dit, non que le Peuple n'était qu'un *mot*, etc., *sans le secours des Bourgeois*, mais qu'il n'était qu'un *mot*, etc., *sans union,
sans direction, sans discipline....* J'ai opposé l'expression *Prolétaires*
à l'expression *Bourgeois*, parce que, dans le langage ordinaire et dans
celui du Pamphlet, tout ce qui n'est pas Prolétaire est appelé Bourgeois ; tous les Electeurs, tous les Jurés, tous les Gardes Nationaux,
tous les boutiquiers, étant considérés comme Bourgeois. J'ajoutais :

« Je soutiens que l'intérêt commun de la Bourgeoisie et du Peuple est
de s'unir, de se confondre, de fraterniser, en déposant toute préven-
tion, toute jalousie, tout orgueil, toute morgue. — Je soutiens que le
plus grand ennemi du Peuple est celui qui souffle la division entre les
Prolétaires, et la discorde entre les Prolétaires et les Bourgeois, tandis que son plus sincère ami est celui qui les exhorte tous à l'union et
à la fraternité. — Je soutiens enfin que celui qui plaît le plus à la Police, c'est le Démon qui souffle la guerre entre les Ouvriers et la Bourgeoisie, tandis que celui qui déplaît le plus au Pouvoir c'est l'Apôtre
qui conjure les diverses victimes de notre détestable organisation sociale de déposer enfin leurs funestes préventions pour s'unir fraternel-
lement contre leur ennemi commun!... »

Du reste, j'ai exposé mon *opinion* sur la Bourgeoisie, pages 20, 21
et 22 ; et je ne puis que prier mes lecteurs de lire ces pages ; car je ne
puis répéter éternellement les mêmes choses : et cette *opinion*, j'y
persiste, je soutiens qu'elle est la plus vraie et la meilleure ; mais je la
livre au jugement de chacun, espérant seulement que personne n'a le
droit d'y trouver un crime ni le prétexte d'un outrage.

« Le Peuple a son *éducation* politique et morale *à faire* ou à compléter, et, ce résultat *atteint*, VOUS VERREZ si sa main sera *inhabile* à
détruire et à édifier ! »

Oui, le Peuple a son *éducation* à faire ; mais qui la fera? Sont-ce les

Signataires qui n'ont pu faire paraître trois numéros du *Travail* sans le faire condamner et supprimer précisément pour avoir *attaqué la Bourgeoisie ?* Et comment pourra-t-il la faire quand ceux qui se dévouent à cette tâche si difficile rencontrent tant d'obstacles, même de la part d'ouvriers comme les Signataires?

Vous verrez, disent-ils ! Mais que prouve ce mot *vous verrez ?* Est-ce que tout le monde ne dit pas *vous verrez ?* Est-ce que ceux qui ont livré le combat sans leurs camarades et malgré eux ne disaient pas résolument *vous verrez ?* Et qu'avons-nous vu si ce n'est la défaite et le carnage suivis des *Bastilles Lyonnaises* qui ont facilité les *Bastilles Parisiennes ?*

« Voilà les pensées que nous voulions *vous faire* CONNAÎTRE. Vous COMPRENEZ dès-lors que NOUS NE POUVIONS PROPAGER L'ÉCRIT dont il est question, *notre cause en souffrirait*, et VOUS avec elle. Que diraient les hommes du peuple dont les convictions sont *faibles* encore? Pourraient-ils croire à la *fraternité* lorsqu'ils verraient les *principaux apôtres* de cette doctrine se déchirer et se jeter la *boue à la face?* NOTRE TEMPS d'ailleurs est trop précieux à nous qui TRAVAILLONS *beaucoup* et GAGNONS *peu*, pour en *dépenser* la moindre partie à la *propagande* ou à la *lecture* de SEMBLABLES ÉCRITS *qui ne peuvent qu'augmenter nos divisions* déjà trop nombreuses Nous n'arroserons pas de nos *sueurs* des plaintes qui ne sauraient porter que de MAUVAIS FRUITS. »

Vous comprenez, me disent les Signataires, que *nous ne pouvons propager* L'ÉCRIT dont il est question, c'est-à-dire ma *Réponse* au Pamphlet. Mais non, je ne le comprends pas du tout! C'est pour moi la chose la plus extraordinaire, la plus inouie, la plus déplorable! Quoi, une Commission de correspondance accepte mon mandat pour distribuer mon *Populaire* et mes brochures, et elle se constitue mon juge et mon CENSEUR! Sans me prévenir, contre ma demande et malgré moi, elle les retient pendant un mois! Si du moins elle les gardait à Lyon, en me prévenant, sans retard, qu'elle les tient à ma disposition! Mais les retenir pendant un mois à mon insu, et me les *renvoyer* à Paris, m'obligeant à les renvoyer encore à Lyon si je veux les adresser à d'autres, en me faisant perdre mon temps et mon argent! Me renvoyer même soixante-sept exemplaires du *Dialogue populaire* indiquant la marche à suivre pour faire de la propagande! N'est-ce pas un abus de confiance, une violation de mandat et de toutes les règles de la justice et de la probité ? N'est-ce pas même nuire gravement à a cause des travailleurs et de la Communauté, en arrêtant la propagande, en m'entravant et me paralysant, moi, que les Signataires proclament utile pour le présent comme par le passé, et placé de manière que le Parti doit nécessairement souffrir en ma personne ? Car, comment puis-je accepter un Correspondant à Lyon et même ailleurs, si mes Correspondants peuvent impunément me traiter ainsi ? Comment puis-je écrire désormais pour la Communauté, perdre mon temps, user ma santé, faire des frais d'impression et d'envoi, soit à Lyon, soit dans toute

2

autre ville, si l'on peut ainsi me renvoyer mes ouvrages? Puis-je espérer d'en faire jamais un seul qui plaise à tout le monde? Celui qui plaira à Rouen déplaira à Bordeaux ; celui qui déplaira à Lyon plaira à Toulouse ; il n'y en aura donc pas un qui ne soit gardé par les uns et renvoyé par les autres! Est-il rien de plus hostile à l'éducation du Peuple et à l'intérêt de la Communauté?

Mais, disent les Signataires, « *notre cause souffrirait* de la propagation de votre écrit, et VOUS en souffririez vous-même avec elle.» Ainsi, ils se constituent non seulement mes CENSEURS, mais encore mes TUTEURS, soignent *mon intérêt* malgré moi, comme si j'étais leur pupille, un mineur ou un interdit!... Ils se constituent aussi les directeurs, les dictateurs, les maitres et les tuteurs du Peuple, auquel ils ne permettent que les lectures qu'ils croient n'être pas au dessus de son intelligence, comme ils lui cachent tous les faits qu'il leur convient de lui cacher !

« TRAVAILLEZ *donc uniquement*, citoyen, à la DÉMONSTRATION *de nos doctrines; faites* RAYONNER partout ces trois grands principes : Liberté, Egalité, Fraternité. MONTREZ-EN la réalisation sublime dans la vie communautaire. Mais *plus de* PERSONNALITÉS, plus de guerre! »

Plus de personnalités, plus de guerre ! — Et ceux qui me font cette recommandation et qui semblent me donner un ordre, commencent par les plus violentes *personnalités* contre moi, par me déclarer la guerre en convoquant des réunions de 12, de 24, de 130, pour m'attaquer et me perdre !

TRAVAILLEZ, me disent-ils, DÉMONTREZ... FAITES RAYONNER... MONTREZ!... — Mais pourquoi les Signataires ne le font-ils pas? Pourquoi ne recommencent-ils pas le *Travail* pour instruire, éclairer et diriger Lyon, Paris et la France? Auraient-ils la modestie de me reconnaitre plus capable et mieux placé qu'eux? Mais alors, comment peuvent-ils me faire la leçon, m'entraver, tenter de me décréditer et de me paralyser?

Travaillez... etc.! — Mais c'est ce que je fais depuis 12 ans pour la Démocratie, depuis 6 ans pour la Communauté ; c'est ce que j'ai voulu faire et ce que j'ai fait dans ma *Réponse* au Pamphlet, qui comprend une foule de choses que je croyais et que je crois encore extrèmement utiles. Et cependant, mes *censeurs* et mes *tuteurs* me l'ont renvoyée, ainsi que le *Dialogue populaire!* C'est presque une grâce de leur part qu'ils ne m'aient pas renvoyé le *Voyage en Icarie*, les *douze Lettres*, la *Ligne droite*, le *Guide du citoyen!* Comment pourrais-je donc avoir le courage de travailler encore et de leur adresser un nouvel écrit?

Travaillez!... — Mais ne faudrait-il pas que, chaque fois, avant l'impression, j'envoyasse mon manuscrit à mes *censeurs*, à Lyon, en les suppliant de corriger ou de supprimer, d'ajouter ou de retrancher, dans l'intérêt de la cause et dans mon propre intérêt? Ne faudrait-il pas que je les suppliasse, auparavant, de m'indiquer le sujet à traiter, le sens et l'esprit, même d'avoir la bonté de m'envoyer les *phrases* et les *expressions* principales?

« Soyez *plus sobre* aussi dans la publication de ces LETTRES où la *louange coule à pleins bords*, et que vous produisez *contre vos* ADVER-SAIRES, comme une glorification de votre conduite. En un mot, qu'il ne sorte de VOTRE PLUME que des articles SUBSTANTIELS et *vraiment* DIGNES DE VOUS! Ce n'est qu'à *ce* PRIX que *nous emploierons notre zèle* à la propagation de vos œuvres et que nous CONTINUERONS de vous payer un *tribut* de RECONNAISSANCE et de fraternelle *estime*. »

Septembre 1842. 　　　　VINCENT, GINAUD, PERRET, *Greppo, Calendras.*

« *Soyez plus sobre de lettres!....* » — *Soyez plus sobre!...* Ainsi, l'on veut bien me laisser attaquer par d'autres et même m'attaquer soi-même; on veut bien que je publie les lettres qui m'outragent; mais on ne veut pas que je publie les lettres qui sont une DÉFENSE contre mes *adversaires* et mes agresseurs ou mes calomniateurs! Et cependant on reconnait que je suis *placé* de telle manière que, quand je suis attaqué, *le Parti* tout entier *souffre* nécessairement des attaques qui me sont faites! Par conséquent on reconnaît que le Parti tout entier a intérêt à ce que je sois *défendu et justifié*, indirectement ou directement, par moi ou par d'autres! Que des rivaux envieux ou des ennemis, soit déclarés, soit perfides, voient ces lettres avec déplaisir et les blâment, je le conçois; mais des amis, je ne le conçois plus!

Du reste, on veut bien me permettre de publier quelques lettres: mais lesquelles! Comment pourrai-je deviner, moi, qui suis si malheureux pour ma Réponse et qui ai tant besoin d'être guidé? Il faudra donc que j'envoie toutes mes lettres à mes *censeurs* à Lyon, pour obtenir leur *visa* et leur *autorisation?* D'ailleurs, comment pourrai-je éviter *Charybde* (écueil) sans échouer contre *Scylla* (autre écueil), puisque la lettre qui plaira le plus à Lyon sera peut-être celle qui déplaira le plus à Nantes ou à Toulouse?

« Qu'il ne sorte de *votre plume* que des *articles substantiels* et vraiment *dignes de vous...*» — Mais comment ferai-je, puisque je croyais ma *Réponse* au Pamphlet vraiment *digne* de moi, tandis que les Signataires la trouvent *indigne*, puisque j'étais convaincu que cette Réponse était l'un des écrits les plus *substantiels* que je connaisse, tandis que les Signataires le trouvent vide et sans substance? Il faut donc qu'ils veuillent bien VENIR A PARIS pour *conduire ma plume,* OU M'ENVOYER *des articles* rédigés par eux!

Ce n'est qu'à CE PRIX qu'ils propageront mes écrits et qu'ils *continue-ront* à me payer un tribut de RECONNAISSANCE et de *fraternelle* ESTIME. — Ainsi, voilà la condition, la loi qu'ils m'imposent...! Voilà mes *fourches caudines!* sans cela, plus de reconnaissance pour mes notables services passés, plus d'estime, plus de fraternité!

« *P. S.* **Pour** que vous ne mettiez pas en doute notre *impartialité*, nous vous envoyons *copie* de la lettre que *nous adressons* au citoyen D..., en lui *renvoyant l'écrit dirigé contre vous*. »

Quoi! les Signataires reprochent à l'auteur du Pamphlet de m'avoir attaqué, et d'avoir commis une mauvaise action ; c'est pour cela qu'ils lui renvoient son Pamphlet et même son *Code;* et ils croient faire preuve d'*impartialité* en me renvoyant ma *Réponse* au Pamphlet et au Code, et même un *Dialogue populaire* auquel ils n'adressent aucun reproche! N'est-ce pas comme si, pour être *impartiale*, la Justice condamnait toujours les deux plaideurs, celui qui aurait complètement et évidemment raison, comme celui qui aurait complètement et évidemment tort ?

Ils m'envoient *copie* de la lettre qu'ils adressent à l'auteur du Pamphlet, et lui envoient également *copie* de celle qu'ils m'écrivent ; et ils ne comprennent pas la gravité de cette conduite de leur part!... Mais est-ce qu'il est honnête et licite d'écrire à quelqu'un une lettre outrageante et d'en envoyer *copie* à d'autres personnes, rivales ou ennemies, qui peuvent la rendre clandestinement publique? Qui voudrait qu'on agît ainsi envers lui? Qui a constitué les Cinq mes juges, et les a autorisés à placarder et afficher leur sentence?...

Et cependant (voyez la contradiction!) jusqu'à présent ces mêmes hommes se sont abaissés jusqu'à me payer un *tribut* de RECONNAISSANCE, de bienveillance et d'ESTIME...! — Ils viennent de le dire : mais d'ailleurs écoutez comme ils me parlaient ou plutôt m'écrivaient auparavant; c'est curieux et instructif!

« Citoyen Cabet,

« Nous vous adressons le prospectus d'un journal que les ouvriers de Lyon, *à l'imitation de leurs frères* de Paris, viennent de fonder pour la défense des intérêts des travailleurs.

« Nous n'avons pas besoin de rien ajouter à ce qui y est dit : nous nous y sommes faits connaître tout entiers. Vous voyez que le *Communisme* comptera un organe de plus, organe *trop faible* sous le rapport du *talent*, mais qui se recommande au moins par son *zèle* et sa *sincérité*.

« Vous, citoyen, qui avez donné TANT DE PREUVES de *votre* DÉVOUEMENT *à cette grande cause du Peuple*, voudrez-vous bien NOUS AIDER *de vos* LUMIÈRES *et de votre* EXPÉRIENCE aussi souvent que nous en aurons besoin? *Nous l'espérons*, comme nous espérons aussi que vous nous *honorerez de votre confiance* toutes les fois que vous désirerez être renseigné exactement sur les hommes et les choses de notre localité.

« Agréez, citoyen, l'expression de notre haute *estime*.

« Les membres de la Commission de rédaction,

	« *Cathabard, Busque, Coignet,*
4 mai 1842.	*Raymond, H. Beaume.* »

Eh bien, qui forçait les fondateurs et les rédacteurs du *Travail*, organe et interprète des ouvriers de Lyon, à s'exprimer à mon égard comme ils l'ont fait ici? Je n'en connaissais aucun, je n'étais personnellement connu d'aucun : la manifestation de leurs sentiments était donc parfaitement libre et spontanée.

Dans le *Populaire* de juillet, je répondis en ces termes :

Le Travail.

« Le *Travail* est fondé à Lyon, comme l'*Atelier* à Paris, par des ouvriers ; mais il est franchement *Communiste*. — Si nous pouvons nous permettre de lui donner un *conseil*, nous lui conseillerons de s'attacher spécialement à constater les *souffrances* et les *besoins* de la masse ouvrière, et de ne pas dédaigner cet objet, comme trop commun, pour s'occuper des *questions métaphysiques* en général. — Nous applaudissons d'ailleurs à ses principes d'*union* et de *fraternité*.

« Oui, *union, union !* Jamais elle n'a été plus nécessaire à tous pour résister à l'ennemi commun. C'est aujourd'hui le premier besoin. Il serait *bien coupable* le Communiste qui, par vanité et par ambition, sèmerait la *division* parmi les Communistes, bien coupable celui qui blesserait les Réformistes, bien coupable et bien insensé le Réformiste qui repousserait et outragerait les Communistes ! »

Mais le journal la *Fraternité* s'étant fondé à Paris, en concurrence avec le *Populaire*, j'avais considéré cette concurrence comme une grande faute, et même comme un malheur qui ne pouvait manquer d'amener la rivalité, puis la division et toutes ses conséquences, la discorde, l'hostilité, la calomnie, l'outrage, la confusion, le discrédit, la ruine et la paralysie pour les divers journaux communistes et pour la propagande communautaire. — La fondation du *Travail* me parut une idée aussi malheureuse que celle de la fondation de la *Fraternité*, qui entraîna encore la fondation de l'*Humanitaire* et du *Communautaire*. — Bientôt le *Travail*, se trouvant personnellement intéressé à soutenir la *Fraternité*, prit ouvertement parti pour elle, et s'exprima ainsi dans son numéro premier :

Opinion du Travail sur le Populaire et la Fraternité.

« Un nouvel organe de l'opinion Communiste, la *Fraternité*, vient d'être fondé à Paris par M. Lahautière. Nos lecteurs, pour la plupart, connaissent par ses écrits ou personnellement ce *jeune défenseur* de la cause populaire ; ils savent combien il est méritant par le talent et les généreux sentiments de son cœur. Nous ne voyons donc qu'avec *la plus vive satisfaction* l'œuvre qu'il entreprend et qui doit, entre ses mains, rendre d'importants services à la Démocratie.

« Le *Populaire* cependant a jugé *autrement* que nous la création de ce nouvel organe de la Communauté, et il pose la question ainsi : « Ou « ce second journal parlera dans le même sens que le *Populaire*, ou il « parlera dans un sens contraire : dans le premier cas, il est inutile ; « dans le second cas, il sera *nuisible en divisant*.

« Nous sommes convaincus de la LOYAUTÉ et du DÉSINTÉRESSEMENT de M. Cabet ; il en a donné et il en donne tous les jours encore *trop de preuves* pour qu'il soit *permis d'en douter*. Mais *nous pensons qu'il se trompe :* d'abord les dissentiments qui peuvent exister entre les Communistes sont *trop peu essentiels* pour que deux organes de cette opinion puissent parler en sens contraire l'un de l'autre ; et dans le cas, seul probable à notre avis, où ils s'accorderaient, nous ne voyons pas que l'on fût amené à conclure l'inutilité de l'un des deux. Entre gens qui partagent les mêmes doctrines, il ne peut y avoir divergence sur la manière d'en faire l'exposition. Il y a des personnes chez lesquelles *le sentiment* domine : elles doivent préférer le langage qui s'adresse plus directement au cœur ; d'autres sont moins religieux, moins sympathiques, et c'est à *leur raison* qu'il faut s'adresser avant tout. Il convient qu'il y ait des enseignements qui répondent à ces diverses manières d'être affecté.

« Ceci accordé, toute la question se réduit à savoir si plusieurs organes de la doctrine communiste *peuvent se soutenir en même temps.* NOUS LE PENSONS; les progrès rapides qu'elle fait chaque jour sont la base de notre opinion. Nous pensons même, quelque malheureuse que soit la situation du Peuple, que des publications dont le prix est si *modique*, pures qu'elles sont de tout esprit de spéculation mercantile, pourraient se rendre communs les mêmes abonnés ; il n'est besoin, pour cela, que de combiner leur mode d'apparition, de manière à les publier à huit jours de distance les unes des autres, et le dimanche, jour que le Peuple peut consacrer plus particulièrement à son instruction. Aussi, bien loin de regretter l'apparition d'un nouvel organe, il faudrait désirer au contraire qu'il *s'en créât de nouveaux.*

«Nous comprenons bien la pensée qui a dicté les paroles que nous avons rapportées. M. Cabet aurait désiré faire paraître le *Populaire* toutes les SEMAINES, et il voit dans l'apparition d'un nouvel organe un *obstacle de plus* à la réalisation de son projet. Certainement nous serions *contents* qu'un écrivain AUSSI DÉVOUÉ que M. Cabet pût réaliser un aussi LOUABLE DESSEIN; mais si la combinaison dont nous parlons pouvait s'effectuer, nous en serions *plus satisfaits encore :* d'abord, ce serait un bel *exemple de cette fraternité* que nous prêchons ; ensuite, nous gagnerions davantage *en puissance et en considération ;* car on ne juge pas de la force et des progrès d'une opinion par le *chiffre d'abonnés* des organes qui la représentent, mais par le *nombre de ces mêmes organes....* »

Je réfutai cette opinion du *Travail* dans le *Populaire* de juillet, en disant :

« C'est peut-être moi qui me trompe; mais mon opinion est *toute contraire* à celle du *Travail.* Si les Communistes étaient *anciens, nombreux, instruits,* RICHES, ils pourraient, sans inconvénient, avoir *plusieurs journaux ;* mais dans l'état actuel des choses, avec la *misère* des ouvriers, il est *impossible* que plusieurs journaux communistes soient entretenus en même temps. Tous se nuisent. Si la *Fraternité* et l'*Humanitaire* n'avaient pas été fondés, le *Populaire* paraîtrait probablement *chaque semaine :* mais la *division* et la *concurrence* m'ont dégoûté ; je n'ai plus renouvelé les dépenses et les démarches nécessaires ; et si je n'avais plus l'espoir de trouver le cautionnement, je renoncerais à un journal mensuel dont l'utilité pour le Peuple n'est point en proportion avec les sacrifices qu'il m'impose. Le *Travail* croit-il la chose désirable? Et si le *Populaire* devient *hebdomadaire,* il fera tomber les journaux mensuels, dont l'existence momentanée *n'aura fait que du mal.*

Voilà ce que je disais en juillet 1841, et je le demande à tout Communiste et à tout hommme désintéressé et de bonne foi, n'avais-je pas raison, mille fois raison? Le *Travail,* l'*Humanitaire,* le *Communau-*

taire ne sont-ils pas morts faute d'argent ? Et quel si grand bien a fait le *Travail* avec ses trois numéros, avec sa caisse, avec son procès, sa condamnation et sa chute ? Et l'*Humanitaire* (à l'apparition duquel le *Travail* applaudissait), quel bien pouvait-il faire avec ses quelques fondateurs et ses quelques abonnés ? Mais quel mal (incalculable !) n'a-t-il pas fait à la Communauté, avec ses procès-verbaux saisis, avec ses doctrines pour le matérialisme, contre la Famille, contre le Mariage, contre les villes, contre les arts, doctrines qui servent de texte à tous les Réquisitoires, à toutes les condamnations, à toutes les attaques écrites ou verbales contre le Communisme ?

Quoi qu'il en soit, les divisions que je prévoyais et redoutais ne tardèrent pas à éclater entre la *Fraternité* et le *Populaire,* parce que j'avais cru absolument nécessaire, dans l'intérêt de la Communauté, de protester contre la violence (qui me paraissait infiniment dangereuse) des écrits de X... La *Fraternité* (qui semblait devoir désapprouver au moins autant la violence) prit contre moi la défense de X..., et m'attaqua personnellement et violemment. Puis le *Travail* fit cause commune avec la *Fraternité* et me tança vertement, en ces termes :

« En effet, *le Populaire* A EU TORT *de manquer* aux principes de convenance et de fraternité qui doivent, par-dessus tout, distinguer la critique communiste, et surtout dans cette circonstance où il s'agit d'un homme *qui expie sous les verroux* le malheur d'avoir un style trop chaleureux et d'*employer certaines expressions* qui peuvent être interprétées de *diverses manières.* Au surplus, dans *cette occasion* comme dans toute autre, nous sommes *très disposés à* BLAMER quiconque, croyant *posséder exclusivement toute la vérité*, accueillerait avec *dédain et colère les diverses manifestations de la science sociale.* Nous sommes bien convaincus que ce n'est qu'aux *étincelles* de la *controverse* que doit s'allumer le flambeau de la *vérité. Plus le communisme aura d'organes*, d'orateurs, *plus la discussion sera savante, solennelle ;* et partant, plus nous serons *près d'avoir* une doctrine complète, ce qui seul peut faire cesser toutes les dissidences. »

Me voilà donc bien déclaré avoir TORT, et bien BLAMÉ publiquement, en *juillet*, dans son premier numéro, par le même *Travail* qui, en *mai*, m'écrivait pour me demander l'AIDE de mes LUMIÈRES et de mon EXPÉRIENCE, ce qui prouve combien l'*Ami du Peuple* (qu'on accusait d'aspirer à la Dictature avec *Robespierre* et *Danton*) avait raison de s'écrier : « Moi, aspirer à la Dictature ! Mais, quand même j'aurais quelqu'une « des qualités nécessaires, PAS SI BÊTE ! Je ne sais que trop que le « même Peuple qui me PORTERAIT EN TRIOMPHE *le matin* ME PEN- « DRAIT *le soir !* »

Mais, s'il ne faut pas trop espérer dans l'affection du Peuple, il ne faut jamais non plus désespérer quand il s'égare ; car voyez comme le *Travail* va redevenir affectueux, en mai 1842, quand il me demandera d'aller le défendre devant la cour d'assises de Lyon !

CITOYEN,

« Nous avons appris avec une *vive satisfaction*, de la bouche *d'un de vos correspondants* en notre ville, que les *démocrates lyonnais* pouvaient compter sur *votre appui* et que vous saisiriez avec empressement la première occasion qui s'offrirait de *fraterniser* avec eux.

« Encouragés par cette déclaration, nous venons vous faire part d'une chose qui intéresse la cause dont vous êtes un *si noble soutien*. Nous serions *heureux*, si nul obstacle ne s'y opposait, de vous offrir ainsi l'occasion de réaliser *ce désir réciproque de fraternisation*.

« Vous savez peut-être que la cessation de la publication du journal *le Travail* a eu pour cause les poursuites dirigées contre le gérant, prévenu *d'association secrète*. Déjà, quelque temps avant, le 2e *numéro* du journal avait été saisi à l'occasion de l'article ayant pour titre : *Pourquoi nous sommes communistes*. Deux jugements par défaut sont intervenus; l'un en *Cour d'assises* a condamné le gérant à 3 *mois de prison* et 500 *fr. d'amende* ; le second, en *Police correctionnelle*, lui a infligé 3 *autres mois de prison* encore avec les frais.

« Le gérant qui avait esquivé l'emprisonnement préventif, souvent plus long en pareil cas que l'emprisonnement définitif, crut devoir accepter ce dernier jugement, mais il en appela du premier. L'affaire est appelée aux prochaines assises, qui s'ouvriront le 30 *du courant*.

« Vous voyez, citoyen, le service que nous venons vous demander. Comme nous n'aurions jamais consenti à laisser humilier nos convictions, nous avons bien demandé et obtenu que la défense soit présentée par *l'un de nous* ; mais qu'est-ce que notre faible voix *en comparaison de l'appui que la cause trouverait en* VOTRE PAROLE?

« La cause de la communauté plaidée pour la première fois à Lyon, et *par vous*, aurait un *retentissement immense*, qui accroîtrait infailliblement le nombre de ses adhérents, opérerait peut-être ici un *fusion* des diverses nuances du parti *démocratique*, et, *en augmentant les sympathies nombreuses que vous comptez parmi nous, faciliterait beaucoup les louables efforts que vous faites* pour rendre HEBDOMADAIRE la publication du *Populaire*.

« Mais il est une pensée qui nous afflige, c'est de savoir que vous *n'avez pas fourni l'exemple d'un dévouement aussi constant et aussi pur* sans porter une grave atteinte à vos *intérêts privés*, et de nous voir nous, dans *l'impossibilité de subvenir aux frais qu'occasionnerait* votre déplacement.

« Il y a ici de *profondes et nombreuses misères*, et dans l'état d'atonie où se trouve en ce moment la principale industrie de notre cité, notre cœur saigne au spectacle de tant de *souffrance* que nous sommes impuissants à soulager.

« Prononcez donc vous-même, citoyen, sur ce qu'il convient de faire, mais rappelez-vous bien que nous serions vivement peinés de vous voir vous imposer des sacrifices qui pourraient donner lieu à des privations. Vous devez d'autant moins le faire que, dans certaines limites, *l'intérêt privé* de l'homme VRAIMENT DÉVOUÉ et qui exerce une sorte d'APOSTOLAT est intimement lié aux *intérêts généraux* de la cause dont il *a embrassé la défense*, et que souvent un tort porté au premier est préjudiciable à ceux-ci.

« Rassurez-vous, citoyen, soit que nous ayons le *bonheur de vous posséder*, soit que nous en soyons privés, vous n'en serez pas moins pour nous un de ces RARES TYPES de *raison consciencieuse* et d'ABNÉGATION auxquels on ne saurait refuser un *haut tribut* d'ESTIME et de RESPECT. Recevez-en aujourd'hui le *témoignage* avec nos *embrassements* fraternels. Les co-opérateurs du journal *le Travail* :

« *Blache*, gérant, *Gu...* VINCENT,

« 16 mai 1842.　　　　*H. B... Mont... Cas...* »

Eh bien, y a-t-il là des témoignages spontanés d'estime, de bienveillance, de confiance, de *sympathies* NOMBREUSES, de désirs que le *Populaire* devienne HEBDOMADAIRE, de *respect* même envers celui qu'on appelle un RARE TYPE de *raison, de conscience* et *d'abnégation* ou de *dévouement!* Je n'ai jamais eu la présomption d'aspirer à tant d'éloges : mais je me demande avec douleur comment il serait possible de compter sur le sentiment populaire, quand on voit parmi les signataires de cette lettre l'un de ceux qui signeront, en septembre, une lettre outrageante, celui-là même qui l'écrira !

Et vous voyez combien le *Travail* craignait de me constituer en *dépense*, reconnaissant « que l'*intérêt privé* de l'homme *vraiment dévoué,* « et qui exerce une sorte d'*apostolat*, est intimement lié aux *intérêts généraux* de la cause dont il a *embrassé la défense.* » Et cependant deux de ses rédacteurs ne craignent pas aujourd'hui de léser mon *intérêt privé* en me renvoyant mon *Dialogue populaire* et ma *Réponse* au Pamphlet, dont l'impression a coûté plus de 800 francs !

Néanmoins, si je n'avais pas été prévenu trop tard (quelques jours seulement avant le procès (lorsque j'avais à faire le *Populaire* et d'autres travaux urgents), je serais parti, à mes frais, avec empressement, parce que, comme l'article incriminé me paraissait facile à défendre, j'aurais pris la parole avec la conviction (puisqu'on me force à le dire) d'obtenir un acquittement, en développant le système Icarien d'alliance fraternelle entre le Peuple et la partie populaire de la Bourgeoisie, tandis que le *Travail* a été condamné en soutenant un système de plainte, de haine et de menace de la part des Prolétaires contre tous les Bourgeois. Et si j'avais été assez heureux pour faire acquitter, jugez du triomphe pour la Communauté sur les anti-Communistes, et pour moi sur mes adversaires ! triomphe d'autant plus précieux qu'il m'aurait donné le moyen de rétablir l'*union* parmi vous, Travailleurs Lyonnais! — Mais il me fut impossible, à mon grand regret, de quitter Paris ; et le citoyen *Vincent*, l'un des rédacteurs du *Travail*, ne m'en écrivit pas moins, après la condamnation, une lettre bien affectueuse et bien différente de celle qu'il vient de m'écrire avec les quatre autres Signataires. Voici comment cette nouvelle lettre se termine :

« Quand nous songeons que notre condamnation était arrêtée d'avance avec un tel juri, nous sommes bien contents que vous n'ayez pas répondu à nos désirs ; car, indépendamment du préjudice que cela aurait pu porter aux affaires que vous dirigez, on n'eût pas manqué de se réjouir de notre défaite à grand renfort de scandale. Nos AMIS *me chargent de vous exprimer leur* VIVE ET FRATERNELLE AMITIÉ. Nous déplorons tous les *divisions* qui éclatent chaque jour dans nos rangs et nous rendent si faibles. Le désir que nous avons de voir s'établir enfin une *forte unité* dans ce Parti nous a portés à méditer un projet que nous *vous soumettrons* dès que nous l'aurons complètement élaboré. »

Juin 1842.   Votre tout dévoué,   VINCENT.

Qui m'aurait dit que cette *vive et fraternelle amitié* se manifesterait, moins de trois mois après, par le *renvoi* de mes écrits et par la *lettre* des cinq Signataires, parmi lesquels se trouvent deux rédacteurs du *Travail*, les citoyens *Vincent* et *Ginaud!*

Il paraît même, d'après ce qu'on m'écrit, que les cinq Signataires, sachant que j'allais répondre à leur lettre, viennent de mettre le comble à leur hostilité en convoquant, tout récemment, à tout risque, une réunion d'environ *cent trente personnes;* qu'ils y ont déclaré qu'ils *cessaient* leur correspondance avec moi, en *conservant* celle avec l'auteur de ce Pamphlet qu'ils appelaient une *mauvaise action; et qu'une alerte,* sincère ou simulée, a dispersé l'Assemblée au moment où la discussion allait commencer !

Et cependant on m'assure que la grande majorité des Communistes Lyonnais sont Communistes *Icariens!*

Quoi qu'il en soit, ceux d'une ville voisine se sont unanimement prononcés pour la doctrine *d'Icarie* et du *Populaire,* si je dois en juger par une lettre que je reçois à l'instant, et que je vais vous communiquer, parce qu'elle vous consolera peut-être et vous encouragera par l'exemple de l'union, du zèle, du dévouement, et du progrès que fait la bienfaisante Communauté. Quelques-uns vont sans doute crier encore que je publie des lettres trop flatteuses ; mais je vous conjure tous de réfléchir, et de ne jamais oublier ce que je vous ai déjà dit plusieurs fois, que l'amour de l'Humanité et les principes si élevés de Religion la Communautaire épurent et remplissent trop l'âme d'un vrai Communiste pour y laisser place à une puérile vanité. Si j'étais trop sensible aux éloges, je serais nécessairement sensible et plus sensible encore aux critiques, aux calomnies, aux outrages; et alors je serais peut-être le plus malheureux des hommes. Mais, heureusement pour moi, j'ai pris l'habitude de tout apprécier philosophiquement et froidement; je m'oublie pour ne voir que l'intérêt du Peuple et du Communisme; et quand on m'adresse des témoignages de bienveillance, j'en fais hommage à la Communauté, comme je lui offre le sacrifice des haines et des injures que je soulève contre moi en défendant ses saintes doctrines. Voici la lettre de Givors :

Lettres des Communistes de Givors.

« Monsieur et cher Concitoyen ,

« *Vingt-six Communistes,* habitants le canton de Givors, jaloux de s'associer autant qu'il est en leur pouvoir, à votre *œuvre de propagande morale et Communautaire,* vous envoyent ci-joint une obligation de cent francs, pour *une action* au journal *le Populaire* de 1841, et en même temps un mandat sur la poste pour *trois nouveaux abonnements.* Puissent ces faibles secours, joints à de nouveaux efforts que nous espérons faire, contribuer au prochain avénement hebdomadaire d'un journal qui est l'espoir de tous les amis du progrès réel.

« Quant à nous, Citoyen, pleins d'admiration pour le noble et intrépide courage que vous avez déployé *contre les Bastilles* et *pour la Communauté,* nous venons vous en exprimer notre sincère reconnaissance; et sans nous arrêter aux vaines et puériles craintes de passer pour des hommes *inféodés* à vos principes, nous ne balançons pas à déclarer hautement notre *adhésion* aux principes développés dans le VOYAGE EN ICARIE, que nous regardons comme la pierre angulaire du futur édifice social, ainsi que notre approbation à votre *marche politique*, que nous croyons la *plus sûre* comme la *plus prompte*, et enfin l'entière satisfaction que nous a causée la conduite tenue à votre égard par la dernière *Assemblée générale des Actionnaires* du *Populaire* (en juillet).

« Nous sommes heureux de vous annoncer que, grâce à votre excellent *Voyage en Icarie*, notre pays, tout arriéré qu'il est, marche à grands pas dans la voie de la révolution morale.

« Persévérons donc, Citoyen, et la réunion de nos efforts nous est un garant du triomphe de nos principes.

« Bientôt le *dernier Schisme* va s'éteindre, et, débarrassé de puériles personnalités, vous pourrez reprendre le cours de vos utiles travaux.

« Pour nous, dévoués par conviction à la Communauté, *notre appui*, si minime qu'il soit, ne vous fera pas défaut.

« Veuillez agréer, citoyen, le tribut de reconnaissance et d'admiration que mérite de notre part le généreux défenseur du Peuple, l'apôtre courageux de la Communauté.

« 26 septembre.   Pour 26 Communistes, B... H.... »

Et je ne connais aucun de ces 26 Communistes ! Je n'en ai jamais vu aucun ! Je ne leur ai jamais rien demandé !

Encore une fois, quelque plaisir que puisse me faire cette lettre dans l'intérêt de la Communauté, je la publie sans aucun sentiment de vanité personnelle, parce que c'est uniquement à la sainte doctrine de la Fraternité et du Dévouement proclamée par Jésus-Christ, doctrine dont je ne suis qu'un des nombreux propagateurs, que s'adresse l'hommage des Communistes de Givors.

Je finis en résumant tout ce qui précède.

Résumé.

1° *Cinq signataires.* — La lettre qui me critique et le renvoi de deux de mes écrits sont l'œuvre de *cinq individus*, dont quatre, je crois, ne font pas partie de la *Commission de correspondance*. J'ignore quand, par qui, et comment ils auraient été nommés.

2° *Violation de mandat.* — En me renvoyant mes deux écrits, à mon insu, sans me prévenir, contre ma demande et ma volonté, le Correspondant ou la Commission de Correspondance a commis un *abus de confiance*, une *violation de mon mandat* volontairement accepté.

3° *Censure.* — En agissant ainsi, les cinq Signataires se sont arbitrairement constitués mes *censeurs* et mes *tuteurs*.

4° *Préjudice à la cause populaire.* — Si une pareille conduite était approuvée par la masse des Travailleurs et des Communistes, à Lyon et ailleurs, rien ne serait plus préjudiciable et plus funeste peut-être; car, je ne dirai pas seulement que je cesserais d'écrire, mais je dirai : Quel écrivain de quelque valeur voudrait se consacrer à la défense des intérêts populaires ? Ainsi, ce sont les ouvriers eux-mêmes qui gâtent, compromettent et perdent leur cause !

5° *Éducation à faire.* — Les Cinq reconnaissent que le Peuple a son éducation à faire ou à compléter : mais son éducation n'est pas seulement *théorique;* elle est surtout *pratique,* dans la conduite à tenir et dans les jugements à porter ; elle consiste surtout à bien connaître ses amis et ses ennemis, pour ne pas repousser ceux qui peuvent sauver, et pour ne pas se jeter dans les bras de ceux qui peuvent perdre.

6° *Injure à l'Assemblée générale des Actionnaires du Populaire.* — C'est l'Assemblée générale, composée de cent quarante-six actionnaires présents, qui s'est chargée d'imprimer et de publier ma *Réponse* au *Pamphlet;* c'est une Commission de dix, puis de quarante-cinq, qui a rédigé l'ADRESSE et distribué la brochure. En repoussant et en renvoyant cette brochure, c'est donc à l'Assemblée générale de cent quarante-six et à la Commission de quarante-cinq que les *Cinq* ont renvoyé l'écrit, les désapprouvant ainsi et les censurant ! C'était une chose grave assurément, et qui ne pouvait se justifier que par une nécessité bien impérieuse et par une évidence irrésistible !

7° *Anarchie, division, indiscipline.* — Certainement Paris ne doit pas commander à Lyon ni à Bordeaux, etc. : mais Lyon ne doit pas plus commander à Paris, à Toulouse, etc.; et si quelque ville devait avoir plus d'influence dans la direction, ce devrait être la Capitale, parce qu'elle est le plus grand foyer. Mon opinion est que la destinée du Monde est dans la France, et la destinée de la France dans Paris. Si, quand Paris prend l'initiative, toutes les villes suivent son exemple, il y a ensemble, unité, puissance; tandis que, si Lyon repousse Paris, il n'y a pas de raison pour que d'autres villes ne le repoussent pas aussi, pour que Paris ne repousse pas Lyon à son tour, pour que Lyon, Paris, chaque autre ville ne reste pas dans l'isolement et l'impuissance. — Déjà quand les Communistes Icariens de Paris ont jugé nécessaire de signer une *Déclaration* ou *Protestation* pour arrêter la persécution, la Commission de Lyon a repoussé cette Déclaration signée, en quelques jours, par plus de seize cent Communistes à Paris et ailleurs; et cinq individus, se disant Commission, viennent de repousser la décision de *l'Assemblée générale des Actionnaires du Populaire.* N'est-ce pas là proclamer la division, l'anarchie? N'est-ce pas un contre-sens avec le principe de la Communauté, qui est la concentration, l'ordre, l'unité? Y a-t-il quelque chose de plus hostile, de plus funeste, de plus mortel, pour la cause populaire?

Voilà ce qui résulte de la conduite des *Cinq.* — Peut-être n'ont-ils pas senti la gravité et les conséquences de ce qu'ils faisaient et disaient; et, pour ma part, je n'éprouve envers eux aucun ressentiment quelconque. — Mais le *fait* me paraît injuste, nuisible, funeste et je ne puis ni l'approuver, ni l'accepter, ni m'y soumettre, ni m'exposer à rien de pareil pour l'avenir, soit à Lyon, soit ailleurs.

Je suis donc forcé de prendre la résolution 1° de ne plus rien faire imprimer que de concert avec une Société de publication; 2° de n'envoyer que sur demande et contre paiement, ou avec la certitude de n'avoir pas un renvoi ; 3° de cesser toutes relations, soit avec les Cinq Signataires, soit avec la Commission de Correspondance, et de leur demander compte de l'exécution de mon mandat.

Je voulais provoquer une Assemblée générale des Communistes Lyonnais, envoyer la présente *Explication* à cette Assemblée, et lui demander de choisir une autre Commission : mais *l'alerte* jetée dans la dernière réunion, et la difficulté d'en faire une nouvelle, me déterminent à renoncer à mon projet, et à vous envoyer mon écrit pour que vous en ayez tous connaissance en le lisant séparément.

Maintenant, je vous annoncerai que, le 27 septembre, l'*Assemblée générale* des Actionnaires du *Populaire* (135 étant présents) a décidé, à l'*unanimité*, qu'ils prenaient le titre de *Communistes* ICARIENS, — pour indiquer que nous adoptons les principes généraux développés dans le *Voyage en Icarie*, c'est-à-dire, l'ASSOCIATION basée sur la *Souveraineté du Peuple*, la *Liberté*, l'*Egalité*, la *Fraternité*, l'*Unité*, sur le Mariage perfectionné et la Famille épurée, sur la discussion et la persuasion. Nous regardons cette qualification de *Communistes* ICARIENS comme une égide, un bouclier, une sauve-garde contre nos ennemis, et comme le moyen d'augmenter le nombre de nos amis.

Eh bien ! dans le débat entre les cinq Signataires et moi, ne voyez qu'une question de principes, sans faire aucune attention aux personnes. Si vous voulez la suppression du *Mariage* et de la *Famille*, les *Sociétés secrètes* et la *violence*, gardez le silence ou approuvez les cinq Signataires. — Mais si, comme nous, comme vos camarades de *Givors*, et comme l'immense majorité des Communistes de France, vous préférez la puissance de l'opinion publique à la violence; si vous voulez le Mariage, la Famille, en un mot les principes généraux d'*Icarie*, prouvez que vous avez le *courage civil* en signant une *Adresse d'adhésion* à la décision de l'Assemblée générale pour prendre le titre de *Communistes* ICARIENS !

Cette *Explication* est bien longue, et je le regrette; mais il est bien difficile de s'expliquer complètement en peu de mots sur *tant de questions !* Si je vous fais perdre un peu de temps pour me lire, j'en perds bien davantage pour écrire et me faire imprimer. D'ailleurs, ce n'est pas du temps perdu : toutes ces questions *pratiques* ont une grande importance, plus grande peut-être que celle des questions purement théoriques.

Courage donc, citoyens et chers frères! Persévérance, prudence, moralisation, tolérance, fraternité, union; et nos efforts réunis nous feront avancer dans la route qui conduit au salut du Peuple et de l'Humanité !

4 octobre 1842,   CABET.

POUR LE Iᵉʳ NOVEMBRE. — PRIX : 50 CENT. — TIRAGE A 20,000.

ALMANACH ICARIEN

(pour 1843),

Ne contenant que des choses utiles au Peuple,

FONDÉ PAR UNE SOCIÉTÉ D'ACTIONNAIRES,

Dirigé par M. CABET,

Au Bureau du POPULAIRE, *rue Jean-Jacques Rousseau, 14,
vis-à-vis la Poste.*

———

Pour paraître en décembre :

COURS ICARIEN,

Contenant une Leçon de quatre pages

CHAQUE SEMAINE,

Pour expliquer et commenter le Système d'Organisation sociale et
politique exposé dans le *Voyage en Icarie,*

ET

REVUE ICARIENNE

Pour développer et soutenir le Système de Communauté ou d'Organisation sociale et politique exposé dans le *Voyage en Icarie.*

———

Paris. — Imprimerie d'A.-T. BRETON et Comp., rue Montmartre 131.

www.ingramcontent.com/pod-product-compliance
Lightning Source LLC
Chambersburg PA
CBHW060803280326
41934CB00010B/2532